AF331383

DESCRIPTION
DU SPECTACLE
DE LA CHUTE
DES ANGES REBELLES.

Sujet tiré du Poëme du Paradis Perdu
de MILTON.

Exécuté pour la premiere fois sur le grand
Théâtre de la Salle des Machines, aux
Thuilleries, le Dimanche 12 Mars 1758.

Par le Sieur SERVANDONI, Écuyer, Chevalier
de l'Ordre Militaire de Christ en Portugal,
Peintre & Architecte Ordinaire du Roi & de
son Académie Royale, & premier Architecte
Décorateur du Roi de Pologne, Électeur de
Saxe.

Prix douze sols.

A PARIS,

À la Salle des Machines, aux Thuilleries.

M. DCC. LVIII.

Avec Approbation & Permission.

La Muſique eſt du Signor Duny, Compoſiteur de S. A. R. Dom Philippe, qui ſera exécutée par trois cent Muſiciens qu'il placera en différents Orcheſtres, à la maniere Italienne.

Pluſieurs Étrangers, & les Amateurs ayant marqué au Chevalier Servandoni le deſir de voir la magnificence du Plafond de la Salle, il s'eſt rendu à leurs ſollicitations, & par le moyen d'une Illumination ſinguliere, il découvrira au Public ce Chef-d'œuvre que Paris poſſéde ſans le connoître.

Permis d'imprimer, ce 7 Mars 1758. BERTIN.

DESCRIPTION
DU SPECTACLE
DE LA CHUTE
DES ANGES REBELLES.

OUT le monde connoît le Poëme du Paradis perdu de Milton, c'est de ce Chef-d'œuvre de Poësie que le Chevalier Servandoni a tiré les idées de la Chute des Anges rebelles qu'il expose cette année sur le Théâtre de la Salle des Machines aux Thuilleries. Ce Sujet lui a paru d'autant plus convenable, qu'il présente un passage du terrible au gracieux, & que cette alternative de lumiére & de ténébres dont il est susceptible, doit produire sur les esprits tout l'effet que l'on peut attendre d'un Spectacle muet ; tout y paroîtra nouveau. Le Ciel & les Enfers sont le lieu de la Scene ; des Esprits doivent en être les Acteurs ; comme le Chevalier Servandoni s'efforce de concilier les idées de son Auteur, il espére qu'on ne le blâmera pas d'exposer sur la Scéne des choses, qui dans tout autre Spectacle paroîtroient hazardées, & même hors de place.

Pictoribus atque Poëtis

Quidlibet audendi semper fuit æqua potestas.

Son but est donc de représenter

les Anges rebelles enfevelis dans les gouffres profonds où les a précipité leur orgueil, l'Affemblée de ces mêmes Anges dans le *Pandæmonium*, pour tenter les moyens de remonter au Ciel, enfin leur derniere chûte prédite par l'Archange Gabriël, lorfque fur la fin du douziéme Chant du Poëme, il annonce à Adam que le Meffie viendra mettre en poudre Satan avec fon monde pervers. Le Chevalier Servandoni donne des formes corporelles aux chofes fpirituelles, & préfente fous des figures fenfibles ce qui furpafferoit la portée de l'efprit humain. Il a lieu de croire que la Nouveauté du Sujet traité avec tout l'Art de la Peinture & de la Perfpective,

& les Mouvemens ingénieux des Machines qui doivent animer ce grand Spectacle, ainsi que la Musique qui sera analogue à la chose, surprendront les Spectateurs, & mériteront les suffrages des Connoisseurs.

Noms des principaux Acteurs.

Anges fidéles.

Michel, Commandant les Célestes Légions.
Gabriël,
Raphaël,
Abdiel,
Uriel,
Azaël,
Zopiel,

Troupes de Chérubins & d'Anges
fidéles.

Anges Rebelles.

Satan, Prince des Démons.
Béelzebut, principal Miniſtre
de Satan.
Moloch, Démon ſanguinaire.
Mammone, Dieu des Richeſſes.
Azazel, Porte-Etendard.
Mulciber, Architecte des En-
fers.
Belial,
Chamos,
Baalim,
Aſtaroth, } Eſprits impurs.
Tammuz,
Rimmon,
Dagon, Dieu des Philiſtins.

Ofiris,
Ofis,   } Dieu des Egyptiens.
Orus,

Suite de Satan armée.

Troupes de Démons fous diffé-
rentes formes.

———————————————

PREMIER ACTE.

Premier Livre du Paradis Perdu.

SCENE PREMIERE.

ON apperçoit les Antres ter-
ribles où la Juftice Divine a précipité les Anges Rebelles, un Fleuve
de feu roule au milieu, & ne ré-
pand qu'une obfcure lueur qui fert

à les découvrir , Satan Prince des Démons s'éleve du milieu de ces flots enflammés , on lit dans son funeste regard , la tristesse , la confusion , l'orgueil & la honte , sa vuë perçante parcourt toute l'étenduë de cet épouvantable lieu , il y considére les Compagnons de sa chûte & adressant la parole à Béelzebut , le premier après lui en puissance comme en crime. Il l'excite à rallier leurs Troupes qui paroissent en désordre le long de l'Abîme.

SCENE II.

LE Tonnerre gronde , les Rochers tremblent , s'éclairent , &

en se développant , forment une voute souterraine d'une grandeur immense, Satan sort du Fleuve. Les principaux Chefs des Légions le reconnoissent pour leur Prince & le suivent ; à son aspect la Phalange infernale se réveille de son assoupissement , & ramasse ses armes, la Trompette sonne, le Prince des Démons ordonne qu'on arbore son redoutable Etendard , Azazel le déploye , aussitôt les Démons accourent en foule autour de leur Général , qui au milieu des Grands de sa Cour déplore leur malheur commun, & propose une Assemblée pour délibérer sur les moyens de rentrer dans le Ciel.

SCENE III.

D'Affreux Rochers, dont le Sommet vomit des tourbillons de feu & de flammes, & dans les cavités desquelles sont renfermées des Mines d'Or, d'Argent & de Pierreries occupent le fond du Théâtre; c'est là que Satan se fait conduire sur un Char en forme de Dragon suivi des Principaux Acteurs de la Scéne précédente & de Monstres portant différens Attributs, il s'arrête devant les Rochers : là il ordonne à Mammone Dieu des Richesses de faire tirer les Matériaux nécessaires pour la construction du *Pandæmonium* ; on obéit.

SECOND ACTE.

Premier Livre du Paradis Perdu.

SCENE PREMIERE.

LE *Pandæmonium*, * lieu de l'Assemblée des Démons se découvre au milieu des Rochers qui l'environnent, on voit la vaste & magnifique étenduë du Manoir infernal, un superbe Baldaquin couvert d'Hiéroglyphes Egyptiens & soutenu sur huit Colomnes d'ordre dorique, occupe le milieu & couvre le Trône de Satan; des Candelabres mystérieux l'éclairent & en font l'ornement. L'Architecte Mulciber fait placer des Trônes pour les Principaux Anges &

____

* Cette Décoration est du Sieur De Wailly.

attacher des chaînes de diamans pour la décoration du Palais.

SCENE II.

LEs Compagnons de Satan arrivent de tous les côtés & se rangent dans les places qui leur sont destinées ; Satan assis au milieu des Principaux propose de remonter au Ciel, & de livrer une seconde Bataille, Moloch Prince terrible est de cet avis, Bélial le combat, Mammone veut que l'on fonde un Empire dans ces lieux souterrains, Béelzébut invente le projet de porter l'horreur, le crime & la mort dans le nouvel Univers que le Tout-Puissant vient de créer, chacun applaudit, Satan lui-même se charge de l'éxécution.

SCENE III.

LE Conseil finit, les Chefs des Démons se lévent & viennent aux pieds de leur Souverain, lui marquer la joye que leur inspire son audacieux projet, il descend lui-même de son Trône, & il sort du Palais suivi d'une partie de ses légions, le Palais s'abîme.

TROISIEME ACTE.

Sixiéme Livre du Paradis Perdu.

SCENE PREMIERE.

DEs monceaux de Rochers sans ordre paroissent sur le devant, & au bas du Théâtre. Des Nuées noires & épaisses en occupent le haut, & le fond; on en voit sortir des Foudres & des Eclairs; une troupe innombrable de Démons arrive en confusion sur les Rochers, Satan donne le signal pour l'Escaladé.

SCENE II.

LA Trompette sonne, les Diables entassent des morceaux de Rochers les uns sur les autres, pour s'élever jusqu'au Ciel qui s'entr'ouvre : on en voit sortir les Anges & Archanges, Michel paroît aux prises avec Satan, tandis que Gabriël, Abdiel, Azaël, Raphaël, Uriel, & Zopiel sont à la poursuite des Chefs de la Cohorte infernale qui se défend avec courage, mais que les Anges enfeveliffent enfin fous des Rochers.

SCENE III.

LEs Nuages fe diffipent tout-à-coup, la gloire de l'Eternel paroît dans l'éloignement, le Char de fon Verbe avance porté par des Chérubins, les Efprits Céleftes defcendent & l'accompagnent, Des Tonnerres & des Eclairs fortent de devant le Char, cependant les Démons fe relévent & recommencent le combat ; mais enfin épouvantés par l'éclat de la gloire, ils perdent courage & la Foudre tombe fur eux, les précipite dans l'étang de feu avec un fracas horrible. FIN.

De l'Imprimerie de SEBASTIEN JORRY.